AF751903

LES RISQUES ÉMERGENTS
Nouveaux défis, perspectives et approches de solutions

El Hadj Sall

LES RISQUES ÉMERGENTS

Nouveaux défis, perspectives et approches de solutions

Préface de François Collin

Sénégal
L'Harmattan

© L'Harmattan-Sénégal, 2023
10 VDN, Sicap Amitié 3, Lotissement Cité Police, DAKAR

senharmattan@gmail.com
senlibrairie@gmail.com

ISBN : 978-2-336-41567-3

EAN: 9782336415673

Sommaire

Liste des sigles et abréviations

AFP	Agence France Presse
CCNUCC	Convention-Cadre des Nations-Unies sur les Changements climatiques
CHEDS	Centre des Hautes Études de Défense et de Sécurité
CRES	Consortium pour la Recherche économique et sociale
CRIPP	Cadre de Référence internationale des Pratiques professionnelles en matière d'Audit interne
GIEC	Groupe d'Experts intergouvernemental sur l'évolution du Climat
Global Earthquake Model (GEM)	Global Earthquake Model (Modèle mondial des Tremblements de Terre pour un monde résilient aux tremblements de terre)
IFACI	Institut français des Auditeurs et Contrôleurs internes

IIA	The Institute of International Auditors
IIASB	The International Internal Auditing Standards Board
INSEE	Institut national de la Statistique et des Études économiques
OCDE	Organisation internationale de Coopération et de Développement économique
OGM	Organismes génétiquement modifiés
OMS	Organisation mondiale de la Santé
ONU	Organisation des Nations-Unies
OMM	Organisation météorologique mondiale
ONG	Organisation non gouvernementale
PIB	Produit intérieur brut
PNUE	Programme des Nations-Unies pour l'Environnement
SNC2022	Stratégie nationale de Cyber sécurité du Sénégal
SRAS	Syndrome respiratoire aigu sévère
TIC	Technologies de l'Information et de la Communication
UNCCD	Convention des Nations-Unies sur la Lutte contre la Désertification
VIH	Virus de l'Immunodéficience humaine

Préface

L'auteur de cet ouvrage, Monsieur El Hadji Sall, a choisi de s'intéresser aux risques émergents. Un sujet que l'actualité de ces dernières années rend particulièrement opportun et important d'aborder, tant l'Homme a été particulièrement agressé par ces risques.

L'ouvrage est intéressant car il le fait dans une approche historique, en remontant au XIVème siècle, à l'origine de l'assurance maritime et transporte le lecteur jusqu'à la crise de la COVID 19, mais aussi, dans une démarche pédagogique, à travers des exemples, des commentaires et des recommandations.

L'auteur invite le lecteur à prendre conscience des risques inhérents aux actions quotidiennes de l'homme, entreprises, souvent, dans la recherche du progrès et de l'amélioration des conditions de vie, mais sans percevoir les effets pervers et négatifs qu'engendrent ces avancées, sans prendre conscience des risques qu'elles font naître. Il l'invite à s'approprier la culture des risques et à s'engager dans le réflexe de la prévention de ces derniers.

La démarche suivie par Monsieur Sall met en évidence sa riche expérience dans le domaine de l'audit, de l'appréhension, de la détection et de la prévention des risques dans les procédures et processus des organisations, d'une part, mais, également, dans le secteur de l'environnement, où il évolue, particulièrement sensible aux risques émergents, du fait des changements climatiques, en particulier de son réchauffement.

Le présent ouvrage est donc d'une utilité certaine pour ceux qui se sont engagés dans le défi à relever pour prévenir les risques émergents et protéger l'humanité de leurs conséquences. Il est aussi recommandé à ceux qui n'ont pas encore pris conscience de l'importance de ce challenge vital, qui ne doit plus laisser personne indifférent.

François COLLIN

Avant-propos

Chers lecteurs,

J'ai l'honneur de vous présenter cet avant-propos de mon ouvrage portant sur les risques émergents auxquels nous sommes de plus en plus confrontés dans notre vie quotidienne, que ce soit sur le plan personnel, professionnel, sociétal ou environnemental.

Les risques émergents font partie intégrante de notre existence. Ils peuvent prendre de multiples formes : pandémies, inondations, incendies de forêt, tremblements de terre, cyberattaques, etc.

La pandémie de COVID-19, les incendies de forêt survenus ces dernières années partout dans le monde notamment en Europe (Grèce) ainsi que les inondations désastreuses apparues récemment en Afrique (Libye et Algérie en particulier), le séisme historique enregistré il y a peu de temps au Maroc (Marrakech), les cyberattaques perpétrées dernièrement en Europe (France, Italie, etc.) et en Afrique (Afrique du Sud, Sénégal, etc.), en constituent de parfaites illustrations.

Face à ces défis, il est essentiel de comprendre les mécanismes qui les sous-tendent et d'adopter une approche proactive pour les gérer.

Après un aperçu sur les différentes perceptions du risque, l'ouvrage vous offre, à travers une analyse des risques basée sur des études de cas, des outils et conseils éclairés pour vous aider à prendre des décisions et à faire face à ces menaces.

Je vous invite à explorer les différentes perspectives et approches de solutions qui y sont proposées pour la gestion des risques émergents.

Je souhaite qu'il serve de guide et de source d'inspiration aux politiques, gouvernements, écoles, sociétés, populations et qu'il puisse vous accompagner dans votre parcours de gestion des risques, quels que soient vos domaines d'activité.

Je tiens à exprimer ma gratitude à toutes les personnes qui ont contribué à sa réalisation. Je remercie particulièrement Monsieur François COLLIN, pour sa contribution importante à la qualité du document.

Enfin, je tiens à remercier tous les lecteurs qui prendront le temps de plonger dans les pages de cet ouvrage.

Ensemble, nous pourrons mieux comprendre les défis liés aux risques émergents et trouver des solutions pour les surmonter.

Cordialement

L'auteur

Introduction

Les risques émergents sont des risques nouveaux et complexes qui se développent, se transforment ou qui évoluent dans des conditions inhabituelles.

Ils sont caractérisés par leur grande imprévisibilité quant à leur nature, leur étendue, leurs conséquences ou leur fréquence.

Ils ont le potentiel de provoquer des impacts négatifs significatifs sur les individus, les communautés, les entreprises, la sécurité et peuvent anéantir tous les efforts consentis pour développer un pays.

Comme exemples, nous pouvons citer la cyberattaque et la cybercriminalité, les crises sanitaires, le dérèglement climatique, les catastrophes naturelles, etc.

Aujourd'hui, ces risques constituent de plus en plus un sujet d'intérêt accru pour les gouvernements, les universités et l'ensemble des acteurs de la société.

Plusieurs personnalités dont des scientifiques et des chercheurs mais aussi des entrepreneurs célèbres et visionnaires se sont mobilisées et ont rappelé périodiquement le danger. En 2017, Bill Gates[1] avait tenté d'alerter les autorités sur ce qu'il considérait comme des menaces imminentes pour les dix à quinze années à venir.

La communauté internationale n'avait pas pris au sérieux ces appels et malgré tous les épisodes récurrents, certains risques sont restés sous-estimés comme la pandémie, le dérèglement climatique ou l'utilisation du numérique.

Aujourd'hui, force est de reconnaitre que peu de travaux ont été menés sur ces risques émergents. Seules les menaces les plus visibles telles la crise financière ou la baisse de la croissance économique ont préoccupé les politiques.

---

[1] Source : fr.m.wikipedia.org. William Henry Gates dit Bill Gates, né le 28 octobre 1955 à Seattle (Etat de Washington, USA) est un informaticien, entrepreneur et milliardaire américain. Il est connu pour être le cofondateur de Microsoft en 1975 et son principal actionnaire jusqu'en 2014.

Ainsi, la crise sanitaire provoquée par le coronavirus au cours des années 2019 et 2020 a bouleversé toutes les priorités. Elle a constitué un évènement inattendu pour tout le monde.

Chapitre I

Contexte et défis

La notion de risques émergents est apparue au cours de la seconde décennie du XXI° siècle.

Le contexte de survenance de ces risques est caractérisé par une combinaison de facteurs tels que la mondialisation, les avancées technologiques, le changement climatique, les crises sanitaires, les conflits géopolitiques ou encore les évolutions sociétales.

Ces facteurs créent de nouvelles situations et défis qui génèrent des risques inattendus et ou l'évolution de risques familiers qu'il faut gérer.

La pandémie de COVID-19, le dérèglement climatique qui a accentué les incendies de forêt meurtriers survenus ces dernières années partout dans le monde notamment en Europe (Grèce) ainsi que les inondations désastreuses apparues en Afrique (Libye et Algérie notamment), le séisme historique enregistré dernièrement au Maroc (Marrakech), les cyberattaques notées récemment en Europe (France, Italie, etc.) et en Afrique (Afrique du Sud, Sénégal, etc.), illustrent suffisamment l'importance d'anticiper ces risques.

Les politiques, les gouvernements, les populations, les sociétés et les individus doivent être bien préparés à gérer un large éventail de risques complexes qui naissent ou évoluent incessamment.

Les défis liés aux risques émergents sont nombreux et divers. Ils concernent notamment :

- la capacité à les anticiper et à les prendre en compte dans la conception des politiques, des stratégies et des actions de prévention ;
- la nécessité de s'adapter aux changements rapides et incertains qui affectent le travail et de développer des mécanismes de résilience et d'innovation ;
- la difficulté à les évaluer et à mesurer leurs impacts potentiels, en raison du manque de données, de connaissances ou de méthodes appropriées.

Pour identifier et gérer les risques émergents, il faut mettre en place des dispositifs capables de recueillir, d'analyser et d'interpréter tous les éléments qui peuvent représenter un risque pour les gouvernements, les sociétés et les populations. Il faut également instaurer « *une culture de risque* » au sein des organisations.

Les décideurs sont ainsi appelés à prendre, de plus en plus, des mesures proactives pour identifier les enjeux de demain et renforcer la gestion de ces risques dans son ensemble.

Chapitre II

Perceptions du risque

Selon François Ewald,[2] l'essence du risque se situe aux alentours du XIVe-XVe siècle, à l'époque de la naissance de l'assurance maritime. Celle-ci a marqué un tournant dans la façon dont les individus percevaient et géraient le risque.

Avant cette période, les armateurs étaient confrontés à de nombreux dangers lorsqu'ils naviguaient en mer, ce qui entraînait souvent des pertes importantes de navires et de marchandises. Le naufrage d'un navire était,

---

[2] Auteur français, a enseigné au Conservatoire national des Arts et Métiers (France) où ses travaux ont porté plus particulièrement sur la politique du risque (source wikipédia).

auparavant, considéré comme un aléa pris avec une certaine fatalité. Il était considéré comme un risque, dès lors que les armateurs avaient pris conscience de la menace et avaient tenté de s'en prémunir à l'avance.

Ils ont eu l'idée de mutualiser les risques en s'associant et en créant des systèmes d'indemnisation, en cas de pertes ou de dommages. C'est ainsi qu'est née l'assurance maritime, qui permettait aux armateurs de répartir les risques entre différents participants et de se prémunir financièrement contre les dangers auxquels ils étaient exposés.

Depuis lors, l'assurance s'est étendue à de nombreux autres domaines, tels que l'assurance automobile, l'assurance habitation, etc. Elle est devenue un outil essentiel pour gérer les risques et garantir une certaine sécurité financière.

De ce fait, un danger devient un risque dès lors qu'apparaît une prise de conscience par un collectif de la présence d'une menace et une volonté de la maîtriser, par des mécanismes préventifs ou des mécanismes d'assurance. La notion de risque repose sur une représentation de la menace comme un événement accidentel et aléatoire.

François Ewald identifie la loi sur les accidents du travail de 1898 en France comme un moment clé dans la conception du risque.

Cette loi reconnaissait que les accidents du travail étaient des dangers inhérents à toute activité productive et qu'ils étaient inévitables. Ainsi, au lieu de chercher à déterminer la responsabilité individuelle dans ces accidents, la loi instaurait le concept de risque professionnel. Cette approche visait à dédommager les victimes d'accidents du travail sans avoir à établir la faute ou la négligence de l'employeur.

Le risque professionnel était considéré comme une conséquence naturelle de l'activité économique et les employeurs étaient tenus de prendre en charge les dommages causés à leurs employés.

Cette évolution juridique reflétait le changement de perspective quant à la gestion du risque, en reconnaissant que certaines activités comportent intrinsèquement des dangers et que la responsabilité ne doit pas nécessairement être imputée à un individu.

Cela a, ensuite, ouvert la voie à une réflexion plus large sur la gestion des risques dans la société, tant dans le domaine professionnel que dans d'autres secteurs et à contribuer à l'émergence de réglementations et de dispositifs de protection sociale visant à prévenir les accidents et à indemniser les victimes.

Jean-Baptiste Colbert[3] a joué un rôle important dans l'établissement des assurances maritimes en France. L'une de ses ordonnances stipulait que ces assurances couvraient les dégâts fortuits en mer causés par des accidents tels que les tempêtes. Cependant, elles ne prenaient pas en compte les pertes et dommages matériels résultant de la faute des assurés ou de mutineries, car ces événements étaient considérés comme non accidentels.

L'objectif de ces assurances était de protéger les assurés contre des événements imprévisibles et aléatoires pouvant survenir en mer.

La notion d'accident était utilisée pour refléter le caractère aléatoire et incertain du risque maritime. Cette approche mettait l'accent sur la nécessité de se prémunir contre les conséquences dommageables de certaines situations inattendues, sans tenir compte des fautes ou des responsabilités individuelles. Elle constituait donc une première reconnaissance de l'importance de prendre en compte le hasard et l'imprévisibilité dans la gestion des risques.

---

[3] Jean-Baptiste Colbert, né le 29 août 1619 à Reims à Paris, est un homme d'État français. À partir de 1665, il est l'un des principaux ministres de Louis XIV, en tant que contrôleur général des finances, secrétaire d'État de la Maison du roi et secrétaire d'État de la Marine.

En sciences sociales, le risque est souvent considéré comme une production sociale. Patrick Peretti-Watel[4], un chercheur en sociologie du risque, s'est intéressé à plusieurs aspects liés aux comportements individuels face au risque dans ses travaux.

En particulier, il a étudié les perceptions du risque, c'est-à-dire comment les individus perçoivent et évaluent les dangers qui les entourent. Selon lui, ces perceptions peuvent varier d'une personne à l'autre en fonction de nombreux facteurs tels que l'expérience vécue, les connaissances disponibles, les influences sociales, etc.

Par ailleurs, Peretti-Watel s'est également penché sur les conduites dites à risque, c'est-à-dire les comportements individuels qui exposent les individus à des dangers potentiels. Il a cherché à comprendre pourquoi certaines personnes adoptent des conduites à risque, malgré la connaissance des dangers associés.

Ses travaux ont mis en évidence l'importance des facteurs psychologiques, sociaux et contextuels dans la prise de décision individuelle face au risque.

---

[4] Patrick Peretti-Watel est sociologue, directeur de recherche à l'INSERM, affecté au laboratoire VITROME au sein de l'IHU Méditerranée.

L'approche de Peretti-Watel met en lumière l'interaction complexe entre les dimensions individuelles et sociales dans la compréhension des comportements face au risque. Cette perspective permet une analyse plus approfondie des dynamiques sociétales en relation avec la gestion et la perception des risques.

D'autre part, se prémunir contre un risque et agir pour le contrôler nécessite une estimation de la fréquence du danger et de ses dommages potentiels.

Dans cette optique, il est souvent fait appel aux travaux d'experts pour objectiver le risque. Les experts cherchent à évaluer le risque en utilisant différentes méthodes, telles que le calcul de la probabilité d'occurrence d'un accident ou l'évaluation de son coût financier. Ces approches quantitatives permettent de fournir des estimations basées sur des données concrètes et des modèles statistiques.

Cependant, il convient de noter que ces évaluations objectives du risque sont sujettes à des limites et des incertitudes. Les estimations peuvent varier en fonction des hypothèses et des sources de données utilisées ou des différentes interprétations possibles des résultats.

De plus, il est important de signaler que la perception individuelle du risque peut différer de manière significative de l'estimation objective du risque. Les individus sont influencés par divers facteurs qui peuvent biaiser leur évaluation du danger, tels que les croyances, les émotions et les expériences passées.

Ainsi, il est primordial de tenir compte à la fois des évaluations objectives du risque, réalisées par les experts et des perceptions subjectives du risque des individus, car ces deux éléments peuvent influencer les décisions et les comportements face au risque.

L'économiste Frank Knight[5] a formulé une distinction entre risque et incertitude. Selon lui, le risque concerne des événements répétés pour lesquels il est possible d'établir une loi de distribution probabiliste basée sur un historique connu.

Dans ce cas, les possibilités futures sont connues et probables, ce qui permet de calculer des probabilités et de faire des prédictions. Un exemple concret de risque serait le vol de voitures. Si l'on dispose d'un historique précis sur le nombre de voitures volées chaque année, par marque, modèle et département, il devient

---

[5] Frank Knight, né le 7 novembre 1885 à White Oak (Illinois) et mort le 15 avril 1972 à Chicago, est un économiste américain, fondateur de la première école de Chicago.

possible de calculer une probabilité qu'un modèle spécifique soit volé.

En revanche, Knight associe l'incertitude à des événements inédits, pour lesquels il n'existe pas d'historique suffisamment connu ou fiable. Dans ces situations, les possibilités futures ne peuvent pas être évaluées de manière probabiliste, car il n'y a pas suffisamment de données ou de cas similaires pouvant servir de référence.

L'incertitude se caractérise donc par une plus grande difficulté à prédire ou quantifier les résultats potentiels.

Il est important de noter que la distinction entre risque et incertitude de Knight est souvent utilisée dans le domaine de l'économie et de la gestion des risques.

Cependant, il existe d'autres définitions et approches de ces concepts, qui peuvent varier en fonction du contexte et des disciplines.

Le sociologue britannique Anthony Giddens[6] a mené des recherches approfondies sur le rapport au risque des individus et son rôle dans leurs décisions quotidiennes. Selon lui, la

---

[6] Lord Anthony Giddens, né le 18 janvier 1938 à Edmonton, est un sociologue britannique, professeur de sociologie à l'université de Cambridge et ancien professeur de sociologie à la London School of Economics.

modernité se caractérise par une "*culture du risque*" dominante, où les individus sont encouragés à prendre en main leur propre vie et à devenir les entrepreneurs de leur existence, y compris en prenant soin de leur propre santé.

Dans cette perspective, la société contemporaine incite constamment les individus à être vigilants face aux menaces ou opportunités potentielles pour leur bien-être futur, que ce soit dans leur environnement physique ou social. Ils sont encouragés à prendre des décisions éclairées et responsables dans divers aspects de leur vie, tels que la consommation, le mode de vie, etc.

Afin d'aider les individus à prendre les bonnes décisions aujourd'hui pour leur avenir, on met à leur disposition des connaissances et des savoirs éprouvés ou savoirs experts.

Ces savoirs peuvent provenir de diverses sources telles que les professionnels de la santé, les conseillers financiers, les agronomes, les experts en sécurité, etc.

Ces experts fournissent des informations basées sur des recherches, des études et des expériences accumulées, dans le but d'éduquer les individus sur les risques potentiels et les choix possibles pour minimiser ces risques.

Ainsi, il est de notre responsabilité de prendre des décisions éclairées en nous appuyant sur ces connaissances disponibles.

A ce niveau, les statistiques jouent un rôle important dans la compréhension des risques et des probabilités. Elles nous permettent d'évaluer les chances de succès ou d'échec d'une action ou d'un choix donné. Par exemple, en utilisant des données statistiques sur les accidents de la route, nous pouvons prendre des décisions éclairées sur la façon de conduire en minimisant les risques.

En ayant conscience des risques et en s'appuyant sur les connaissances disponibles, nous pouvons également « *coloniser le futur* », dit Giddens. Cela signifie que nous pouvons anticiper les conséquences de nos actions et prendre des mesures pour les atténuer ou les prévenir.

Ainsi, selon Giddens, la culture du risque joue un rôle central dans notre société moderne, incitant les individus à être conscients des défis et des opportunités qui les entourent, et à prendre des décisions informées.

L'exemple du mariage que Giddens a cité dans ses travaux est très pertinent. Dans notre société moderne, les individus considèrent de plus en plus le mariage comme un choix qui comporte des risques, en raison des statistiques élevées de divorces. En se basant sur des données telles que celles fournies par l'INSEE en France, où près de 20 % des couples divorcent dans les cinq premières années de leur union, les individus sont conscients des risques potentiels liés au mariage. Ils évaluent donc la décision de se marier en tenant compte de ces statistiques et des informations disponibles sur les relations conjugales.

Les savoirs experts jouent un rôle important dans cette évaluation. Les individus peuvent s'appuyer sur les recherches, les études et l'expertise des spécialistes en relation de couple, pour prendre une décision éclairée. Ces savoirs experts peuvent fournir des conseils sur les facteurs qui contribuent à la réussite d'un mariage, les signes précurseurs de problèmes potentiels, les compétences de communication nécessaires, etc.

De plus, grâce à la culture du risque dans laquelle nous vivons, les individus sont également plus susceptibles de réévaluer leur décision de se marier en fonction des opportunités ou des obstacles qui se présentent dans leur vie. Ils sont encouragés à être attentifs aux signaux qui pourraient indiquer des problèmes potentiels, afin de pouvoir prendre des mesures pour prévenir ou résoudre ces difficultés.

En résumé, le mariage est considéré de nos jours comme un choix qui comporte des risques, et les individus évaluent cette décision à la lumière des statistiques, des savoirs experts et des opportunités qui se présentent à eux. La culture du risque influence donc la manière dont les individus abordent cette question importante de leur vie.

Michel Foucault[7] a mis en évidence, dans ses travaux, la façon dont la société exerce une influence sur les comportements des individus. Il souligne notamment le rôle de la responsabilité individuelle dans cette dynamique.

Selon Foucault, les autorités ont adopté une approche de gouvernement qui consiste à réguler les pratiques sociales, en impliquant les individus dans cette régulation. Au lieu d'utiliser simplement la force pour imposer les comportements souhaités, les autorités cherchent à responsabiliser les individus et à les rendre acteurs de leur propre régulation.

Cette approche se base sur l'idée que les individus sont capables de prendre des décisions éclairées et de participer activement à la gestion

---

[7] Paul-Michel Foucault, dit Michel Foucault, né le 15 octobre 1926 à Poitiers, mort le 25 juin 1984 à Paris est un philosophe français.

de leurs propres vies. Les autorités encouragent donc les individus à se conformer aux normes et aux attentes sociales, en faisant appel à leur autonomie et en leur demandant de prendre la responsabilité de leurs actions.

Ainsi, au lieu de contrôler de manière directe les individus, les autorités s'appuient sur des mécanismes de surveillance, de classification et de normalisation. Elles donnent aux individus les moyens de surveiller et de réguler eux-mêmes leurs comportements, tout en étant conscients des conséquences de leurs actions.

Cette approche de gouvernement à distance permet aux autorités de diffuser plus efficacement les normes et les valeurs de la société, tout en donnant aux individus une certaine liberté et autonomie dans leurs choix.

Cependant, elle suscite également des questionnements sur la nature et l'étendue du contrôle social exercé, ainsi que sur les inégalités qui peuvent découler de cette responsabilisation individuelle.

En matière de santé, la théorie de la responsabilité individuelle est souvent utilisée dans les campagnes de prévention. L'idée sous-jacente est d'encourager les individus à prendre conscience de leur propre responsabilité dans le maintien de leur santé et à adopter des comportements favorables à leur bien-être.

C'est dans cet esprit que s'était tenue en 2000, sous l'égide de l'OMS, une campagne de prévention contre le tabagisme visant à informer et sensibiliser les fumeurs, sur la base de données statistiques, sur les conséquences négatives de la consommation de tabac et à les encourager à arrêter de fumer, pour améliorer leur santé et augmenter leur espérance de vie.

Ces campagnes mettent généralement l'accent sur le fait que chacun est acteur de sa propre santé et peut agir de manière proactive pour prévenir certaines maladies ou problèmes de santé. Elles visent à informer les individus sur les risques liés à certains comportements (comme le tabagisme, la sédentarité, une alimentation déséquilibrée, etc.) et à les encourager à adopter des habitudes plus saines.

Cependant, il convient de souligner que cette approche de responsabilisation individuelle peut également susciter des débats et soulever des critiques. Certains estiment, en effet, que ce discours peut être culpabilisant pour les individus et occulter les facteurs sociaux, économiques et environnementaux qui peuvent influencer leur santé.

Il est également essentiel de reconnaître que l'accès aux ressources et aux conditions favorables à une bonne santé peut varier d'une personne à l'autre. Il est donc important de prendre en compte ces différents éléments pour comprendre pleinement les enjeux complexes liés à la santé et au bien-être.

Dans le domaine de l'écologie, les populations sont de plus en plus encouragées à anticiper l'impact environnemental de leur comportement, afin de modifier leurs habitudes de consommation et d'adopter des comportements plus durables. En modifiant nos habitudes de consommation, nous pouvons contribuer à réduire notre empreinte écologique et à préserver notre planète pour les générations futures.

Il existe de nombreuses ressources et initiatives disponibles pour aider les individus à prendre des décisions plus respectueuses de l'environnement, comme le recyclage, la réduction des déchets, l'utilisation d'énergies renouvelables, etc. Il est important que chacun apporte sa contribution pour préserver notre environnement.

Le sociologue allemand Ulrich Beck (2001)[8], qui a mené plusieurs travaux sur la question du risque, explique que « les risques d'aujourd'hui,

---

[8] Ulrich Beck (1944-2015). Pour une présentation de la sociologie du risque de Beck, voir par exemple : Frédéric Vandenberghe (2001), Introduction à la sociologie (cosmo) politique du risque d'Ulrich Beck. *Revue du MAUSS*, n° 17, 1, p. 25-39.

les risques de la nouvelle modernité, sont des menaces qui échappent à nos sens : on ne les voit pas, on ne les entend pas, on ne les sent pas. C'est le cas des virus, de la pollution ou des radiations nucléaires ». Beck ajoute que « *ces risques contemporains sont des externalités d'activités productives, qui produisent en même temps des biens tangibles, avec de la valeur, et des risques invisibles, silencieux, ce qui favorise leur prolifération* ».

Ces risques invisibles sont souvent le résultat des avancées technologiques et de la globalisation économique. Les activités productives génèrent des biens matériels qui sont valorisés sur le marché, mais elles produisent également des effets néfastes pour l'environnement et la santé humaine. Cependant, ces effets ne sont pas immédiatement perceptibles et peuvent prendre du temps à se manifester.

Parlant des risques contemporains, Beck souligne que ces risques sont différents des risques traditionnels, tels que les catastrophes naturelles, qui sont généralement localisés dans l'espace et dans le temps.

Les risques de la nouvelle modernité sont transnationaux et peuvent se propager rapidement à travers les frontières. Par exemple, un virus peut se propager à l'échelle mondiale en quelques jours, grâce aux voyages internationaux. De plus, ces risques sont souvent caractérisés par une incertitude scientifique et une controverse sociale. Les effets à long terme de la pollution ou des radiations nucléaires ne sont pas toujours clairement établis, ce qui entraîne des débats sur leur évaluation et leur gestion. Les intérêts économiques et politiques peuvent également influencer la perception et la gestion de ces risques.

En fin de compte, Beck affirme que la prolifération de ces risques invisibles est favorisée par le système économique et politique de la société moderne. Les activités productives sont encouragées et valorisées, tandis que les coûts environnementaux et sanitaires sont externalisés et ne sont pas pris en compte dans les décisions politiques.

Cela crée un cercle vicieux où les risques invisibles continuent de se propager sans être suffisamment pris en compte.

Par ailleurs, Beck s'est intéressé, dans ses travaux de recherche, au phénomène de désenchantement de la science par elle-même. Selon le chercheur, *« la science a, pendant longtemps, appliqué son doute méthodique aux croyances et aux superstitions pour, par la suite, l'appliquer à elle-même »*.

Beck affirme que ce désenchantement de la science est principalement dû au fait que la science moderne a tendance à réduire toutes les explications à des causes matérielles et rationnelles.

Selon Beck, « *cette vision matérialiste a également conduit à une perte de confiance dans les institutions scientifiques. Les scientifiques sont devenus conscients de leurs propres limites et de la subjectivité de leurs recherches. Ce qui a favorisé la multiplicité des théories scientifiques et les nombreuses contradictions* ».

Ces désaccords entre les scientifiques rendent plus difficiles l'identification et la gestion des risques contemporains.

Chapitre III

Analyse des risques émergents

Le Cadre de Référence internationale des Pratiques professionnelles en matière d'Audit interne définit le risque comme la possibilité que se produise un événement qui aura un impact sur la réalisation des objectifs. Le risque se mesure en termes de conséquences et de probabilité.

Le risque est dit émergent quand il résulte soit d'un danger nouvellement identifié auquel une exposition significative pourrait se produire, soit d'une exposition et/ou d'une sensibilité nouvelle ou accrue et inattendue à un danger déjà connu ».

Pour les besoins de l'analyse, quatre (4) risques émergents ont été analysés. Il s'agit du risque lié à la cyberattaque et à la cybercriminalité, du risque lié aux crises sanitaires, du risque lié aux catastrophes naturelles et du risque lié au dérèglement climatique.

I. Risque lié à la cyberattaque et à la cybercriminalité

1. La cyberattaque

La cyberattaque vise à endommager des documents et systèmes importants au sein d'un réseau d'entreprise ou personnel, à en prendre le contrôle ou à y accéder.

Elle peut se manifester sous différentes formes. Entre autres, nous pouvons citer :

- la destruction de données sensibles, telles que des informations personnelles, des données financières ou commerciales ;
- le vol d'identité pour commettre des fraudes ou usurper l'identité des victimes ;
- les attaques par dénis de services distribués (DDoS) pouvant paralyser les systèmes informatiques d'une entreprise, entraînant

une interruption des activités et des pertes financières ;

- l'atteinte à la réputation, dans le cas où les données sensibles ou confidentielles sont compromises.

2. La cybercriminalité

Elle renvoie à tout crime commis principalement par le biais d'internet et des technologies de l'information. Cela peut inclure des activités telles que le piratage informatique, le harcèlement en ligne, la diffusion de logiciels malveillants, le vol de données sensibles, le cyber espionnage, etc.

Les cybercriminels utilisent souvent des techniques sophistiquées pour mener leurs activités criminelles, ce qui rend difficiles leur identification et leur poursuite. Ils peuvent opérer à l'échelle mondiale et cibler des individus, des entreprises, des gouvernements ou d'autres entités.

Leur motivation est souvent d'ordre financier ou politique. Les auteurs de ces infractions peuvent avoir leur résidence dans le pays où l'infraction est commise comme dans tout autre pays. Cependant, lorsqu'il y a des signalements de cas de cybercriminalité et que des responsables sont identifiés, il est très souvent difficile pour les forces de défense et de sécurité ainsi que leurs homologues internationaux de poursuivre leurs auteurs, notamment lorsque ceux-ci se trouvent dans des juridictions aux capacités limitées ou des pays sans aucun accord de coopération judiciaire avec le pays ciblé.

3. Le cyber terrorisme

En matière de cyber terrorisme, les tendances globales montrent que les groupes terroristes font recours, de plus en plus, à des cybers attaques contre leurs pays cibles. Egalement, ils continuent d'utiliser l'internet pour le recrutement et la radicalisation des individus.

Outre ces actes délibérés, les menaces internes liées à l'utilisation des systèmes informatiques ou de l'internet doivent être identifiées et surveillées.

En effet, les employés peuvent causer parfois des dommages à leur organisation par inadvertance, du fait de leur ignorance des procédures de sécurité informatique, notamment celles concernant le téléchargement de contenus non sûrs, l'usage de périphériques infectés ou l'ouverture d'un courriel d'hameçonnage.

Toutefois, des travailleurs, qui ont accès aux systèmes et données critiques d'une organisation, peuvent provoquer des pertes financières, à travers le vol de données sensibles. Aussi, avec les connaissances qu'ils détiennent sur leur organisation, ils peuvent faciliter ou perpétrer une attaque pour perturber son fonctionnement normal.

Il est donc essentiel de mettre en place des mesures de sécurité robustes pour se protéger contre les cyberattaques et de sensibiliser les employés aux bonnes pratiques en matière de sécurité informatique.

Pour la lutte contre la cyber criminalité, diverses mesures sont préconisées par le CHEDS, à savoir :

- gérer les risques liés à la sécurité de notre système d'information (protection des installations informatiques et des bases de données informatisées) ;
- identifier les principales attaques et menaces sur la sécurité individuelle et celle des services ;
- développer des techniques d'investigation numériques solides ;
- renforcer les mécanismes opérationnels d'entraide judiciaire ;
- promouvoir la coopération internationale dans un sens favorable à l'émergence d'une approche holistique de la lutte contre la cybercriminalité ;

- développer la sensibilisation des masses, le renforcement de capacités des personnels des organisations publiques et privées, pour une meilleure prise de conscience des utilisateurs sur la cybercriminalité et les moyens de les parer.

II. Risque lié aux crises sanitaires

Les crises sanitaires, telles que les épidémies ou les pandémies, présentent de nombreux risques pour la société et l'économie.

Ce qui caractérise les crises sanitaires, c'est l'incertitude alors même que ces crises surviennent régulièrement et qu'on cherche à les prévenir par la mise en place d'une veille sanitaire et le développement d'une expertise scientifique.

Claude Gilbert[9], qui a travaillé sur la notion de crise dans le domaine de la santé publique souligne « *le décalage qui peut exister entre la représentation de la crise pour le sens commun avec des phénomènes de sur-réaction ou de sous-réaction de l'opinion* ».

L'une des incertitudes dans ces crises, c'est celle relative au facteur humain, dont les

[9] Directeur de recherche émérite au CNRS (PACTE, Sciences-Po Grenoble).

pouvoirs publics n'ont souvent pas conscience et qui est cruciale. Les plans mis en place par les gouvernements pour gérer la crise supposent que les gens coopèrent, mais leur réaction n'est pas toujours celle qu'on attendait.

Au Sénégal, durant la pandémie de COVID-19, plusieurs individus étaient sceptiques vis-à-vis du vaccin. Plus de 80% de la population soit plus de 8 citoyens sur 10 ont, au début, fait « juste un peu confiance » ou « pas du tout confiance » au vaccin, selon un sondage effectué en 2021 par Afro Barometer[10] en collaboration avec le CRES.

L'une des dimensions principales des crises est donc cette incertitude à plusieurs niveaux et en particulier l'incertitude sur la façon dont la population va réagir.

Les exemples d'épidémies ne manquent pas et on constate, de plus en plus, l'amplification du phénomène : épidémie de choléra au Yémen en 2016, de SRAS en Chine à partir de 2002, coronavirus du syndrome respiratoire du Moyen-Orient (MERS-COV) détecté en 2012 en Arabie Saoudite, Ebola en Afrique de l'Ouest, pandémie grippale H1N1 provoquée par le virus influenza en 2009-2010, épidémie de Zika en Amérique Latine en 2015, pandémie

---

[10] Source : Dépêche n°430/5 mars 2021 Afro Barometer

de Covid-19, épidémie de fièvre jaune au Brésil en 2022-2023, etc.

Le développement des vaccins n'a pas permis jusque-là d'éradiquer les maladies infectieuses. Et la psychose née de la pandémie du coronavirus fait craindre l'apparition de nouvelles maladies d'origine animale (zoonoses) avec la dégradation continue de l'environnement.

1. Émergence de nouveaux virus

Aujourd'hui, les nouveaux virus et maladies parfois mortelles induites, prennent de court les populations et les dirigeants.

Dans son ouvrage « *Les virus émergents* », Jean-Claude Manuguerra, responsable de la Cellule d'intervention biologique d'urgence à l'Institut Pasteur (France), décrit les mécanismes de l'émergence d'un nouveau virus, depuis l'animal porteur jusqu'à l'épidémie. Il montre comment des médecins, des vétérinaires, des chercheurs et des institutions internationales travaillent ensemble pour endiguer ces virus.

Il précise que l'émergence de virus causant des maladies humaines s'insère dans trois catégories : (i) « *les virus réellement nouveaux dans l'espèce humaine, mais préexistants chez une espèce animale et dont la présence résulte en général d'une transmission inter-espèces* »,

(ii) « les maladies humaines connues dont on découvre que l'agent étiologique est un virus », et *(iii) « les virus déjà connus, associés à des maladies connues, dont la distribution géographique change brusquement* ».

La diffusion rapide d'agents pathogènes émergents à l'échelle de la planète s'explique, selon Manuguerra, par « une mobilité internationale plus fréquente, des habitats plus rapprochés à la suite de l'urbanisation et des modifications de pratiques agricoles ».

Un phénomène qui nous pousse à interroger notre comportement par rapport à la dégradation continue de notre écosystème.

2. Le risque pandémique

Selon l'OMS, on parle de pandémie quand une épidémie se propage dans plusieurs pays, continents, voire dans le monde entier. Une pandémie peut devenir rapidement un risque incontournable qu'on ne peut plus maîtriser ou stopper.

La pandémie doit, en plus, selon la définition de l'OMS, être causée par un agent pathogène nouveau ou qui ne s'est pas manifesté depuis longtemps.

3. Classification des pandémies

L'Institut américain de Médecine (IAM) classe les pandémies en trois catégories :

- les infections qui passent de l'animal à l'homme et qui se transforment en épidémies ;
- les infections issues de facteurs pathogènes ayant subi une mutation et contre lesquelles il n'y a pas de protection immunitaire comme la grippe ;
- les infections qui ont envahi de nouvelles régions du globe.

4. Conséquences socio-économiques

Les pandémies ralentissent l'activité socio-économique d'un pays, du fait des mesures sanitaires et des confinements prescrits en de pareilles occasions.

5. Cas de la pandémie du Coronavirus (Covid-19)

Selon l'OMS, « la maladie à coronavirus (COVID-19) est une maladie infectieuse due au virus SARS-CoV-2. La plupart des personnes infectées par le virus présentent une maladie respiratoire d'intensité légère à modérée et se rétablissent sans avoir besoin d'un traitement particulier. Cependant, certaines tombent gravement malades et ont besoin de soins médicaux. Les personnes âgées et celles qui ont un problème médical sous-jacent, tel qu'une maladie cardiovasculaire, le diabète, une maladie respiratoire chronique ou un cancer, ont plus de risques de présenter une forme grave. Toute personne, quel que soit l'âge, peut contracter le coronavirus et tomber gravement malade ou en mourir.

La pandémie de COVID-19 témoigne de la place centrale qu'occupe le risque dans les sociétés contemporaines, à la fois en tant que préoccupation sociale et produit de leur développement.

Avec ce coronavirus ou la grippe H1N1, on est clairement dans le domaine du risque, car, contrairement à la grippe espagnole, ce sont des épidémies que l'on a anticipées.

Le coronavirus appartient bien à la catégorie des risques invisibles typiques de la « société du risque » prônée par Beck. D'autant que certains porteurs de la maladie, en particulier les enfants, pourraient être asymptomatiques. D'ailleurs, c'est l'une des raisons pour lesquelles la première mesure prise a été de fermer les écoles, pour protéger les adultes ou les personnes âgées avec lesquels les enfants pouvaient entrer en contact. Cette invisibilité du risque en compliquait la gestion.

Ce risque est aussi une externalité du mode de développement contemporain, car la propagation rapide du coronavirus est due à l'intensité des flux de marchandises et de personnes dans le monde.

En 1917-1918, la grippe espagnole, un virus comparable, a mis deux ou trois ans à faire le tour du monde, alors qu'avec le coronavirus de 2019, il a fallu seulement quelques semaines pour que le virus soit présent partout ou presque dans le monde.

Enfin, il est important de mettre en place des mesures de prévention et de préparation pour atténuer ces risques liés aux crises sanitaires. Cela comprend la surveillance des maladies, la vaccination, la sensibilisation du public, la coordination internationale et la mise en place de plans d’urgence.

III. Risque lié aux catastrophes naturelles

Les catastrophes naturelles sont des évènements causés par des forces de la nature telles que des ouragans, des séismes, des éruptions volcaniques, des inondations, des sécheresses, des feux de forêts, etc. Elles peuvent survenir n'importe où dans le monde et en tout temps.

Ces événements peuvent créer des dommages importants aux personnes, aux biens et à l'environnement ainsi que des perturbations économiques et sociales.

L'étude de ces catastrophes naturelles nous permet, aujourd'hui, d'être plus résilients. Les exemples présentés dans l'ouvrage ont été choisis à titre illustratif. Il s'agit des éruptions volcaniques et des feux de forêt.

1. Les éruptions volcaniques

Selon le *Rapport de la Banque mondiale paru en 2018 sur les désastres passés liés aux catastrophes naturelles*[11], « *l'éruption du Tambora* [12] *en Indonésie en 1815, qui avait causé la mort de milliers de personnes, est considérée comme l'un des événements volcaniques les plus dévastateurs de l'histoire. Les particules rejetées par l'éruption avaient bloqué les rayons du soleil et contribué à une baisse de 3° C des températures mondiales* ». Si

---

[11] https://www.banquemondiale.org/fr/news/press-release/2018/05/08/new-report-looks-at-past-disasters-to-prepare-for-the-future.

[12] Le Tambora est un stratovolcan actif qui forme la péninsule de Sanggar de l'île de Sumbawa, dans l'archipel des Petites Iles de la Sonde, en Indonésie (source : Wikipédia).

une éruption similaire se reproduisait aujourd'hui en Indonésie, elle toucherait une zone plus densément peuplée et les conséquences seraient catastrophiques.

La réapparition des éruptions volcaniques est un phénomène naturel qui peut se produire à tout moment. Les volcans sont des structures géologiques qui peuvent rester en sommeil pendant des périodes plus ou moins longues, avant de connaître une nouvelle éruption.

Leur prévision est ainsi un défi majeur pour les scientifiques. Bien qu'il existe des systèmes de surveillance et d'alerte précoce pour détecter les signes précurseurs d'une éruption imminente, il paraît difficile de prédire avec certitude le moment exact et l'intensité d'une éruption volcanique.

C'est pourquoi, il est crucial de mettre en place des mesures de gestion des risques volcaniques et de préparation aux situations d'urgence, pour protéger les populations vivant à proximité des volcans actifs.

Au Maroc, par exemple, le séisme intervenu récemment à Marrakech durant l'été 2023 a tué près de 3.000 personnes, selon des informations fournies par la chaîne de télévision TV5 Monde.

En Turquie et en Syrie, un séisme survenu en 2022 avait provoqué la mort de plus de 50.000

personnes, selon un bilan obtenu par l'AFP auprès de plusieurs sources.

Ces tremblements de terre se sont pourtant produits dans un secteur connu pour son activité sismique. Ils étaient donc prévisibles.

Selon l'ONG Global Earthquake Model[13] (GEM), si le Maroc et la Turquie avaient appliqué rigoureusement les normes parasismiques et les exigences de construction antisismique pour les bâtiments et les ouvrages de génie civil , les conséquences de ces catastrophes meurtrières seraient amoindries.

2. Les feux de forêt

Au cours des trois dernières années, des feux de forêt, aggravés par le changement climatique, se sont déclenchés dans plusieurs pays d'Europe et d'Afrique du Nord, causant la destruction de milliers d'hectares de forêts et l'évacuation de milliers de personnes ainsi que des pertes en vies humaines estimées à des dizaines de morts,

---

[13] Global Earthquake Model (GEM) : La Fondation Global Earthquake Model (GEM) est née en Italie en 2009, en vue de créer une norme indépendante, uniforme et ouvertement accessible pour calculer et communiquer le risque sismique dans le monde entier et pour développer des outils et logiciels indispensables tels qu'OpenQuake, des modèles de risque et de risque sismique et des bases de données associées pour une évaluation fiable et transparente des risques sismiques à l'échelle mondiale. Source : https://www.nasdaq.com/solutions/global-earthquake-model-gem

selon des informations fournies par l'observatoire européen Copernicus (EMS).

Le feu de forêt survenu en Grèce durant l'été 2023 est le plus grand incendie enregistré dans l'espace européen en ce moment, d'après la Commission européenne.

3. Les tendances

La croissance démographique et l'urbanisation rapide font augmenter les risques de catastrophes. Les Nations Unies estiment que plus des deux tiers de la population mondiale vivront en ville à l'horizon 2050[14].

En outre, dans un *rapport consacré à la résilience urbaine* (2016), la Banque mondiale alertait « *qu'en l'absence d'investissements significatifs destinés à rendre les villes plus résilientes, le coût annuel mondial des catastrophes naturelles pourrait atteindre plusieurs milliards de dollars pour les municipalités d'ici 2030* ».

La revue « *Aftershocks* »[15] (2018) estime que cette tendance pourrait mettre en danger plus

---

14 https://population.un.org/wup/Publications/Files/WUP2014-Report.pdf

15 Dispositif mondial de réduction des effets des catastrophes et de relèvement (GFDRR). Publication 2018. Rapport intitulé : Intitulée *Aftershocks: Remodeling the Past for a*

d'un milliard de personnes, sous l'effet exclusif des inondations fluviales et côtières.

Les exemples cités montrent à quel point les catastrophes naturelles peuvent avoir des conséquences dévastatrices sur les populations, les infrastructures et l'environnement.

Il est donc important d'en tirer les enseignements nécessaires, en prenant des mesures de prévention pour atténuer les risques. Cela comprend la mise en place de système d'alerte précoce, le développement d'infrastructures résistantes aux catastrophes, la sensibilisation du public et la planification de mesures d'urgence.

IV. Risque lié au dérèglement climatique

Le risque climatique fait référence aux menaces et aux dommages potentiels causés par le changement climatique. Il englobe les phénomènes météorologiques extrêmes, les variations de températures, les sécheresses, les inondations, l'élévation du niveau de la mer, la fonte des glaces, etc.

Resilient Future (Répliques : modéliser le passé pour préparer un avenir résilient).

Il est dit aigu quand il découle d'événements extrêmes (sécheresses, inondations, tempêtes, ...) et chronique lorsqu'il résulte de changements graduels (hausses des températures, élévations du niveau de la mer, ...).

Les principales causes de la hausse des émissions de gaz à effet de serre,[16] responsable principal du réchauffement climatique, sont :

- la combustion du charbon, du pétrole et du gaz qui produit du dioxyde de carbone (Co2) ;
- l'abattage des forêts : les arbres contribuent à réguler le climat en absorbant le Co2 de l'atmosphère. Lorsqu'ils sont abattus, cet effet positif est perdu et le carbone stocké dans les arbres est libéré dans l'atmosphère, aggravant l'effet de serre ;
- le développement de l'élevage : les bovins et ovins produisent de grandes quantités de méthane lorsqu'ils digèrent leur nourriture ;
- la production d'émissions de protoxyde d'azote par les engrais contenant de l'azote ;

[16] Définition officielle du terme « Gaz à effet de serre » par la CCNUCC (CCNUCC, 1992) : On entend par « gaz à effet de serre », les constituants gazeux de l'atmosphère, tant naturels qu'anthropiques, qui absorbent et réémettent le rayonnement infrarouge.

- l'émission, par certains équipements et produits, de gaz fluorés. Ces émissions ont un effet de réchauffement considérable plus important que celui du Co2.

Toutes les politiques de planification économique et sociale sont impactées par ce risque. Les principales conséquences sont la diminution de la disponibilité en eau et des rendements des cultures, la perte de biodiversité, les vagues de chaleur, les déplacements de villages, les épidémies, les effondrements des infrastructures routières dus aux fortes pluies, les incendies de forêts, etc.

Il est essentiel de prendre des mesures pour atténuer le risque climatique et s'y adapter, afin de réduire les conséquences potentielles dans le futur.

Cas pratique : Les dommages du dérèglement climatique au Sénégal

Le Sénégal subit pleinement les effets du changement climatique. Face à l'érosion des côtes et à la désertification accélérée, plusieurs stratégies d'adaptation ont été développées qui ont montré leurs limites et démontré l'urgence de repenser de nouvelles approches de solutions.

Ainsi, le pays est témoin d'une série d'événements climatiques extrêmes tels que la montée du niveau de la mer et l'érosion côtière, la salinisation des sols, la perte de biodiversité et la désertification.

Il s'y ajoute que l'économie du pays dépend largement des secteurs impactés par le dérèglement climatique à savoir l'agriculture, l'élevage et la pêche.

Selon les estimations de la Banque mondiale[17] « *le Sénégal pourrait perdre jusqu'à 8% de son PIB d'ici 2030, en raison des effets du changement climatique* », ce qui toucherait essentiellement les revenus des personnes les plus pauvres.

Deux exemples permettent d'illustrer nettement les effets du dérèglement climatique au Sénégal. Il s'agit d'une part, de la montée des eaux et l'érosion des côtes au large de la ville de Saint Louis et d'autre part, de la désertification et la raréfaction des pluies dans la zone nord du Sénégal, notamment au Fouta.

- **Erosion côtière à Saint Louis**

Saint Louis est une ville du nord du Sénégal entourée d'eau et située aux abords de l'océan atlantique. L'érosion des côtes et la hausse du niveau de la mer y sont très visibles et progressent de manière irréversible.

---

[17] Rapport de synthèse GIEC paru en février 2022.

Dans son rapport sur l'évolution du climat (2019)[18], le GIEC estime que « *la population potentiellement exposée à une inondation côtière devrait augmenter d'environ 20%, si le niveau moyen mondial de la mer s'élève de 15 cm par rapport aux niveaux de 2020 ; cette population exposée double en cas d'élévation de 75 cm du niveau moyen de la mer et triple à 1.4 m sans changement démographique ni adaptation supplémentaire* ».

Le Sénégal ne fait pas exception à cette réalité. Ainsi, la Banque mondiale estime[19] que « *d'ici la fin du 21ième siècle, l'élévation du niveau de la mer pourrait entraîner la disparition de 55 à 86 kilomètres² de plages du pays et inonder 6.000 km2 des zones de basse altitude. De plus, d'ici 2080, 75% du littoral pourrait devenir hautement vulnérable à l'érosion, en raison de l'élévation du niveau de la mer qui a déjà été considérable au cours des dernières décennies* ».

Il importe de constater qu'au niveau de la ville de Saint Louis et plus précisément de la Langue de Barbarie[20], l'érosion des côtes, due

---

[18] Rapport spécial du GIEC sur le changement climatique année 2019.

[19] Source : www.cncd.be

[20] La langue de Barbarie est à la rencontre entre le fleuve Sénégal et l'océan Atlantique et constituait une barrière

principalement aux fortes inondations consécutives au réchauffement climatique, a entrainé la disparition d'une série de villages menant au déplacement de centaines de familles. A cause des violentes inondations qui ont frappé leurs habitations, les familles ont été contraintes d'être relocalisées dans d'autres zones. Les camps de personnes déplacées situés à Diougop et à Khar Yalla en sont de parfaites illustrations.

Un autre exemple est celui du village de Doun Baba Dieye situé dans l'estuaire du fleuve Sénégal, qui a été presque rayé de la carte. Ses habitants ont été relogés dans les villages environnants.

- **La désertification dans le Fouta[21] (Nord du Sénégal)**

Selon les Nations Unies, le terme « *désertification* » [22] désigne « *la dégradation des terres dans les zones arides, semi-arides et subhumides sèches, par suite de divers facteurs parmi lesquels les variations climatiques et les activités humaines* ».

---

naturelle entre les deux. Elle s'allonge sur environ 40 kilomètres du sud de la ville de Saint-Louis jusqu'à l'embouchure du fleuve Sénégal[3]

[21] Le Fouta est un ancien royaume et un territoire historique dans le nord du Sénégal, bordant la rive gauche du fleuve Sénégal entre Dagana et Bakel.

[22] Source : Définition adoptée lors de la Convention des Nations unies de la lutte contre la désertification en 1994.

Le rapport spécial du GIEC sur le changement climatique (2022)[23] confirme que le réchauffement climatique a contribué à la désertification et à la dégradation des terres dans de nombreuses régions. Egalement, indique le rapport, ce sont l'Asie et l'Afrique qui compteront le plus grand nombre de personnes vulnérables à l'augmentation de la désertification. Ceci est d'autant plus préoccupant que le réchauffement climatique ne cesse de croître avec une prévision de hausse de température de 1.5 degré à l'horizon 2030-2035[24].

Au Sénégal, le nord du pays, notamment la zone du Fouta, est l'une des zones les plus touchées par le phénomène de la désertification.

Sous l'effet du changement climatique, mais aussi de pratiques agricoles non adaptées, du déboisement et des feux de brousse, de plus en plus de terres ont perdu leur potentiel biologique, productif et se sont dégradées. Les

---

[23] Source : Rapport spécial du GIEC sur le changement climatique, la désertification, la dégradation des sols, la gestion durable des terres, la sécurité alimentaire et les flux de gaz à effet de serre dans les écosystèmes terrestres, Edition 2019.

[24] Source : Rapport spécial du GIEC sur le changement climatique, la désertification, la dégradation des sols, la gestion durable des terres, la sécurité alimentaire et les flux de gaz à effet de serre dans les écosystèmes terrestres, Edition 2023.

agriculteurs abandonnent de plus en plus l'agriculture au profit de l'élevage et de la pêche et parcourent des kilomètres à la recherche de tapis herbacé pour nourrir le bétail.

Chapitre IV

Perspectives

Les tendances qui se dessinent favorisent le développement des pistes suivantes.

Renforcer la surveillance épidémiologique dans le domaine de la santé

La surveillance épidémiologique est essentielle pour la détection, la prévention et la gestion des épidémies.

La perspective de déploiement de la surveillance épidémiologique, qui va se renforcer, est prometteuse. Avec les progrès technologiques et l'innovation, nous avons désormais accès à des outils de surveillance plus sophistiqués.

Par exemple, la surveillance numérique a considérablement augmenté, permettant de collecter des données à partir de diverses sources. Egalement, en utilisant l'intelligence artificielle et l'apprentissage automatique, il est possible de traiter ces données en temps réel, d'identifier les schémas et les tendances.

I. Améliorer la coordination internationale entre les acteurs

La coordination internationale permet de partager les informations, les ressources et les meilleures pratiques entre les pays et les organisations.

Il existe plusieurs moyens de renforcer la coordination internationale :

- établir des mécanismes de partage rapide des informations ; il est important de mettre en place des moyens de communication efficaces pour permettre aux pays de partager rapidement les informations ; cela peut se faire par le biais de réseaux en ligne, de systèmes d'alerte précoce et de plateformes de partage de données ;
- organiser des rencontres périodiques de coordination.

II. Développer un vaste réseau de partenariats public-privé

Le développement d'un réseau de partenariats public-privé peut être bénéfique pour tous les acteurs, en offrant des avantages mutuels et en contribuant au développement de projets et d'initiatives.

Ces partenariats, qui se sont particulièrement accrus durant la période de la pandémie de COVID-19, permettront notamment :

- de partager les informations ;
- de mutualiser les expériences et savoir-faire ;
- de mieux faire connaître les outils et atouts pour identifier et cartographier les risques ;
- d'avoir de bons signaux d'alerte, grâce à des sources nombreuses et sûres ;
- de développer des savoirs experts, en tenant compte de l'environnement social et culturel des individus ;
- d'exploiter les possibilités offertes avec l'utilisation du « data mining ».

III. Explorer l'utilisation des bases de données dans le travail de veille

Les bases de données sont cruciales pour développer des modèles d'analyse. Et en matière de prospective, la qualité des données impacte grandement les modèles d'analyse. Les données scientifiques que nous manipulons, les données de mobilité issues de Google, une fois modélisées, peuvent nous aider grandement à prédire l'évolution d'une épidémie, de catastrophes naturelles ou du climat et leur impact et progression. De même, les réseaux sociaux sont une mine d'informations ; certes, ces données ne sont pas toujours scientifiques mais elles permettent de déceler des tendances et de prédire les risques, comme ce fut le cas avec la COVID-19.

IV. Encourager la mutualisation des expertises

La mutualisation des expertises est un processus essentiel pour favoriser l'échange et la diffusion des connaissances dans un groupe. Elle permet au groupe de tirer profit des connaissances de chacun et de renforcer sa performance collective.

Elle pourra se faire par l'organisation de séances de partage d'expériences et d'expertises, telles que des réunions, des conférences ou des formations internes.

Les technologies de communication en ligne, comme les plateformes de partage de documents ou les forums de discussion, peuvent faciliter la mutualisation des expertises.

Cette mutualisation a permis de contenir la pandémie de COVID-19, grâce à l'étroite collaboration qui s'est développée au plan national et international entre les universités, les organes de recherche, les laboratoires, les structures médicales et les personnels de santé.

Conclusion

En conclusion, force est de reconnaître aujourd'hui que les risques émergents ne peuvent plus être ignorés, au regard des dommages importants qu'ils peuvent causer à l'humanité, aux biens et à l'environnement.

Par conséquent les politiques, les gouvernements, les sociétés, les universités, les écoles et les populations devraient tous en être sensibilisés.

La capitalisation des expériences récentes concernant la crise sanitaire du coronavirus avec son lot de morts et le dérèglement climatique avec la multiplication des inondations causant des désastres partout à travers le monde, appelle de notre part la formulation des mesures et recommandations suivantes. Il s'agit :

1.d'intégrer la gestion des risques dans l'élaboration des politiques publiques et la planification du développement ;

2.de développer des infrastructures résistantes aux catastrophes naturelles ;

3.de sensibiliser le public et de développer la culture du risque dans les milieux de travail ;

4.de surveiller et d'évaluer en permanence les risques par la mise en place de systèmes d'alerte précoce ;

5.de planifier des mesures d'urgence ;

6.de disposer impérativement de bases de données pour le travail de veille ;

7.de promouvoir la collaboration interdisciplinaire en adoptant une approche participative de gestion des risques impliquant des spécialistes de profils divers et complémentaires ;

8.d'investir dans la recherche et le développement ;

9.de mutualiser les expertises ;

10.de mener une réflexion urgente et globale sur la transition écologique qui permettra d'enrayer la dégradation de l'environnement, l'accélération du changement climatique et l'érosion de la biodiversité.

Glossaire[25]

Audit interne : *L'audit interne est une activité indépendante et objective qui donne à une organisation une assurance sur le degré de maîtrise de ses opérations, lui apporte ses conseils pour les améliorer, et contribue à créer de la valeur ajoutée. Il aide cette organisation à atteindre ses objectifs en évaluant, par une approche systématique et méthodique, ses processus de management des risques, de contrôle et de gouvernance, et en faisant des propositions pour renforcer leur efficacité.* (Source : IFACI/CRIPP).

[25] Nota bene : Le moteur de recherche Google a été utilisé comme référence pour les mots ayant une définition universelle.

Cadre de référence international des pratiques professionnelles (CRIPP)[26] : Cadre de référence qui structure les lignes directrices édictées par l'IIA. Ces lignes directrices sont soit obligatoires, soit recommandées.

Cartographie des risques : La cartographie des risques se définit comme la démarche d'identification, d'évaluation, de hiérarchisation et de gestion des risques inhérents aux activités d'une organisation.

Changement climatique : Définition du changement climatique :

Selon la CCNUCC : La Convention-Cadre des Nations-Unies sur les changements climatiques (CCNUCC), dans son article premier, définit les changements climatiques comme « *des changements de climat qui sont attribués directement ou indirectement à une activité humaine altérant la composition de l'atmosphère mondiale et qui viennent s'ajouter à la variabilité naturelle du climat observée au cours de périodes comparables* ». La CCNUCC établit ainsi une distinction entre les changements climatiques attribuables aux activités humaines altérant la composition de l'atmosphère et la variabilité du climat imputable à des causes naturelles.

---

[26] Glossaire / Cadre de référence internationale des pratiques professionnelles en matière d'Audit interne (CRIPP) - Edition 2017

Selon le GIEC[27] : Le Groupe inter gouvernemental des Experts sur l'évolution du Climat définit le changement climatique comme *une variation de l'état du climat, qu'on peut déceler (par exemple au moyen de tests statistiques) par des modifications de la moyenne et/ou de la variabilité de ses propriétés et qui persiste pendant une longue période, généralement pendant des décennies ou plus. Les changements climatiques peuvent être dus à des processus internes naturels ou à des forçages externes, notamment les modulations des cycles solaires, les éruptions volcaniques ou des changements anthropiques persistants dans la composition de l'atmosphère ou dans l'utilisation des terres.*

Catastrophe naturelle : Une catastrophe naturelle est un évènement causé par des forces de la nature telles que des ouragans, des tremblements de terre, des inondations, des éruptions volcaniques, des glissements de terrain, des sécheresses, des tempêtes de neige, des tsunamis, des tornades, des feux de forêt, etc. Ces événements peuvent causer des dommages importants aux personnes, aux biens et à l'environnement ainsi que des perturbations économiques et sociales. Les catastrophes

---

[27] Source : GIEC, 2013. Glossaire {Planton, S.(coord)}. In : changements climatiques 2013 : les éléments scientifiques. Contribution du Groupe de travail au cinquième Rapport d'évaluation du Groupe d'Experts intergouvernemental sur l'évolution du climat. [Stocker, TF.,D.Qin, G.k. Plattner, M.Tignor, S.K.Allen, J.Boschung, A.Nauels, Y.Xia, V.Bzx et P.M. Midgley(dir.publ.)}Cambridge University Press, Cambridge, Royaume-Uni et New York, NY, Etats-Unis d'Amérique.

naturelles peuvent survenir n'importe où dans le monde et à tout moment et peuvent être causées par le changement climatique, des activités humaines, des mouvements tectoniques, etc.

Contrôle : Toute mesure prise par le management, le conseil et d'autres parties afin de gérer les risques et d'accroître la probabilité que les buts et objectifs fixés seront atteints. Le management planifie, organise et dirige la mise en œuvre de mesures nécessaires pour donner une assurance raisonnable que les buts et objectifs seront atteints.

Copernicus EMS (Emergency Management Service) : Copernicus est un programme de l'Union européenne qui collecte et restitue des données de qualité et actualisées, de manière continue, portant sur l'état de la Terre.

Coronavirus : Selon l'OMS, « *la maladie à coronavirus (COVID19) est une maladie infectieuse due au virus SARS-CoV-2* ».

Cyberattaque : Le droit international n'offre pas de définition unanimement acceptée du terme « *cyberattaque* » et les États proposent des définitions très diverses de celle-ci. La SNC2022 définit la cyberattaque comme « *un acte malveillant envers un dispositif informatique via un réseau cybernétique* ».

Cybercriminalité : Il n'existe pas de définition précise et universelle du terme « *cybercriminalité* ». En termes généraux, il s'agit d'un délit qui est commis en utilisant un réseau informatique ou l'internet. Cela peut couvrir un large éventail d'activités, y compris les activités terroristes et l'espionnage menés à l'aide d'internet et le piratage illégal de systèmes informatiques, les infractions liées au vol et à la manipulation de données et le cyber harcèlement.

La SNC2022 définit la cybercriminalité comme étant « *des actes contrevenants aux traités internationaux ou aux lois nationales, utilisant les réseaux ou les systèmes d'information comme moyens de réalisation d'un délit ou d'un crime, ou les ayant pour cible* ».

Cybernétique : D'après le dictionnaire français Larousse, **«** *La cybernétique est une science de l'action orientée vers un but, fondée sur l'étude des processus de commande et de communication chez les êtres vivants, dans les machines et les systèmes sociologiques et économiques* **».**

Cyber terrorisme : Selon l'encyclopédie Wikipédia, **«** *le cyber terrorisme peut être défini comme l'utilisation préméditée des activités perturbatrices ou la menace de celles-ci, contre des ordinateurs et/ou des réseaux, dans l'intention de causer un préjudice de nature sociale, idéologique, religieuse, politique ou d'autres natures ou pour intimider toute personne dans la poursuite de tels objectifs* ».

Data mining : Le « *data mining* », appelé également exploration ou fouille de données en français, est le fait d'analyser des données sous le prisme de différentes perspectives, afin de transformer ces données en informations utiles, en établissant des relations entre ces dernières. Ces données ainsi transformées servent ensuite aux entreprises à améliorer leur fonctionnement, de manière à réduire les coûts ou bien augmenter leur chiffre d'affaires. Ces informations issues du « *data mining* » servent également aux services marketing et relation client, qui sont ainsi à même de comprendre leur clientèle pour établir de meilleures stratégies de fidélisation.

Dénis de services distribués « *DDoS* » : un type d'attaque rendant un service inaccessible aux bénéficiaires habituels du service. Il s'agit d'une technique perturbant fortement le fonctionnement normal du système par un grand nombre de requêtes.

Dérèglement climatique : Autre appellation de Changement climatique.

Désertification (définition UNCCD) : *La dégradation des terres dans les zones arides, semi-arides et subhumides sèches, par suite de divers facteurs parmi lesquels les variations climatiques et les activités humaines.*

Digital : numérique.

Digitalisation : numérisation

Emergent : Définition tirée du dictionnaire Larousse : « *qui apparait soudainement au cours de l'histoire* ».

Epidémie : Le terme épidémie fait référence à l'augmentation brutale de l'incidence d'une maladie dans une région déterminée. Elle présente un risque important mais son caractère localisé en fait un événement pouvant être à priori maîtrisé d'un point de vue sanitaire et financier.

E-Santé : *L'E-santé ou santé numérique ou information numérique sur la santé est un ensemble de technologies de communication des informations médicales qui permet aux personnes recevant des soins médicaux de participer à la gestion de leur santé en accédant à des informations médicales fiables* (source : Wikipédia).

Feu de forêt : *Un feu de forêt est un incendie qui se propage sur une étendue boisée. Il peut être d'origine naturelle (dû à la foudre ou à une éruption volcanique) ou humaine (intentionnel et criminel ou involontaire et accidentel à partir de feux agricoles ou allumés pour l'entretien de layons ou des zones ouvertes pour la chasse, par exemple)* (source : Wikipédia).

Hameçonnage : L'hameçonnage (appelé également « *phishing* ») est une approche détournée utilisée pour vous pousser à révéler des informations personnelles, comme des mots de passe ou des numéros de cartes de crédit, de sécurité sociale ou de comptes bancaires.

Norme : Document professionnel promulgué par l'IIASB (the International Internal Auditing Standards Board), afin de définir les règles applicables à un large éventail d'activités d'audit interne et utilisables pour l'évaluation de l'audit interne.

Pandémie (Selon l'OMS) : *On parle de pandémie quand une épidémie se propage dans plusieurs pays, continents, voire dans le monde entier. Une pandémie peut rapidement devenir un* *risque incontournable qu'on ne peut plus maîtriser ou stopper.*

La pandémie doit, en plus, selon la définition de l'OMS, être causée par un agent pathogène nouveau ou qui ne s'est pas manifesté depuis longtemps.

Risque : Définitions :

Selon le dictionnaire Larousse : *« Possibilité, probabilité d'un fait, d'un événement considéré comme un mal ou un dommage »*.

Selon l'IFACI : L'IFACI définit le risque comme « *un ensemble d'aléas susceptibles d'avoir des conséquences négatives sur une entité et dont le contrôle interne et l'audit ont notamment pour mission d'assurer autant que peut se faire la maîtrise* ».

Définition du Risque tirée du Glossaire / Cadre de référence internationale des pratiques professionnelles en matière d'Audit interne (CRIPP) - Edition 2017 : *Possibilité que se produise un événement qui aura un impact sur la réalisation des objectifs. Le risque se mesure en termes de conséquences et de probabilité.*

Risque émergent : Risque résultant d'un danger nouvellement identifié auquel une exposition significative pourrait se produire, ou un risque résultant d'une exposition et/ou d'une sensibilité nouvelle ou accrue et inattendue à un danger déjà connu.

VIH : Le virus de l'immunodéficience humaine (VIH) est une infection qui attaque le système immunitaire de l'organisme, en particulier les globules blancs appelés cellules CD4+. Le VIH détruit ces cellules, affaiblissant l'efficacité du système immunitaire du patient contre les infections telles que la tuberculose et certains cancers.

Bibliographie

Bayet A., Le Minez S. et Roux V., *Mourir de la grippe ou du coronavirus : faire parler les chiffres de décès publiés par l'Insee... avec discernement.* Blog de l'Insee, 7 avril 2020 ;

Beck U. (2001), *La Société du risque, Sur la voie d'une autre modernité.* Paris, Aubier. Première édition, 1986 ;

CHAWKI, M.in « *Essai sur la notion de cyber criminalité* » IEHEL, juillet 2006 ;

Claude Gilbert, *Vers une gestion politique des crises sanitaires ?*, article paru en 2011 ;

Dictionnaire Larousse ;

Ewald F. (1996), *Histoire de l'Etat-Providence.* Paris, Grasset et Fasquelle/Le Livre de Poche ;

Frédéric Vandenberghe (2001), *Introduction à la sociologie (cosmo) politique du risque d'Ulrich Beck*. Revue du MAUSS, n° 17, 1, p. 25-39 ;

GFDRR. Dispositif mondial de réduction des effets des catastrophes et de relèvement Publication 2018. Rapport intitulé : *Aftershocks: Remodeling the Past for a Resilient Future* (Répliques : modéliser le passé pour préparer un avenir résilient) ;

Giddens A. (1991), *Modernity and Self-Identity*. Stanford University Press. ;

Giddens A. (1994), *Les Conséquences de la Modernité*. Paris, L'Harmattan ;

GIEC, 2013. Glossaire {Planton, S.(coord)}. In : *changements climatiques 2013 : les éléments scientifiques. Contribution du Groupe de travail au cinquième Rapport* d'évaluation du Groupe d'Experts intergouvernemental sur l'évolution du climat. [Stocker, TF.,D.Qin, G.k. Plattner, M.Tignor, S.K.Allen, J.Boschung, A.Nauels, Y.Xia, V.Bzx et P.M. Midgley(dir.publ.)}Cambridge University Press, Cambridge, Royaume-Uni et New York, NY, Etats-Unis d'Amérique ;

Glossaire / Cadre de référence international des pratiques professionnelles en matière d'Audit interne (CRIPP) - Edition 2017 ;

Guide canadien sur la biosécurité, édition 2016 ;

Institue of Medecine and National Research Council, Globalization, Biosecurity, and the

Future of the Life Sciences, Washington, D.C., National Academies Press, 2006, p.32 ;

Knight Frank, *Risk, Uncertainty and Profit*, site web : fr.m.wikipédia.org, 1921 ;

Loi n¨°2008-11 du 25 janvier 2008 portant sur la Cybercriminalité ;

Louisot Jean-Paul, *Article « Gérer les risques émergents du XXI° siècle* » paru le 22/03/2011 ;

Peretti-Watel P. (2000), *Sociologie du risque*. Paris, Armand Colin, coll. U-Sociologie ;

Peretti-Watel P. (2005), *La culture du risque, ses marqueurs sociaux et ses paradoxes. Une exploration empirique*. Revue économique, n°2. ;

Peretti-Watel P. (2010), *La société du risque*. Paris, La Découverte, coll. Repères ;

Rapport de synthèse GIEC paru en février 2022 ;

Rapport spécial du GIEC sur le changement climatique année 2019 ;

Rapport spécial du GIEC sur le changement climatique, la désertification, la dégradation des sols, la gestion durable des terres, la sécurité alimentaire et les flux de gaz à effet de serre dans les écosystèmes terrestres, Edition 2019 ;

Rapport GIEC sur le changement climatique 2023 ;

https://www.banquemondiale.org/fr/news/press-release/2018/05/08/new-report-looks-at-past-disasters-to-prepare-for-the-future ;

https://www.banquemondiale.org/fr/topic/disaster riskmanagement/overview ;

https://population.un.org/wup/Publications/Files/ WUP2014-Report.pdf ;

http : www.cncd.be ;

https : //www.reliefweb.int ;

https://www.who.int/fr/health-topics/coronavirus/coronavirus#tab=tab_1 ;

www.microsoft.com/fr-ww ;

http://www.ieh.org ;

fr.m.wikipedia.org ;

ia-data-analytics.fr ;

www. Who.int ;

http : //www.santepubliquefrance.fr ;

www.un.org ;

https://www.nasdaq.com/solutions/global-earthquake-model-gem ;

Watel, Patrick Peretti, *Sociologie du risque* (2000), *La société du risque* (2010) et *La cigarette du pauvre* (2012), INSERM, Laboratoire Vitrome (Vecteurs Infections Tropicales et Méditerranéennes) / IHU Méditerranée Infection, Marseille ;

World Urbanization Prospects, Révision 2014.

Table des matières

Structures éditoriales du groupe L'Harmattan

L'Harmattan Italie
Via degli Artisti, 15
10124 Torino
harmattan.italia@gmail.com

L'Harmattan Hongrie
Kossuth l. u. 14-16.
1053 Budapest
harmattan@harmattan.hu

L'Harmattan Sénégal
10 VDN en face Mermoz
BP 45034 Dakar-Fann
senharmattan@gmail.com

L'Harmattan Cameroun
TSINGA/FECAFOOT
BP 11486 Yaoundé
inkoukam@gmail.com

L'Harmattan Burkina Faso
Achille Somé – tengnule@hotmail.fr

L'Harmattan Guinée
Almamya, rue KA 028 OKB Agency
BP 3470 Conakry
harmattanguinee@yahoo.fr

L'Harmattan RDC
185, avenue Nyangwe
Commune de Lingwala – Kinshasa
matangilamusadila@yahoo.fr

L'Harmattan Congo
219, avenue Nelson Mandela
BP 2874 Brazzaville
harmattan.congo@yahoo.fr

L'Harmattan Mali
ACI 2000 - Immeuble Mgr Jean Marie Cisse
Bureau 10
BP 145 Bamako-Mali
mali@harmattan.fr

L'Harmattan Togo
Djidjole – Lomé
Maison Amela
face EPP BATOME
ddamela@aol.com

L'Harmattan Côte d'Ivoire
Résidence Karl – Cité des Arts
Abidjan-Cocody
03 BP 1588 Abidjan
espace_harmattan.ci@hotmail.fr

Nos librairies en France

Librairie internationale
16, rue des Écoles
75005 Paris
librairie.internationale@harmattan.fr
01 40 46 79 11
www.librairieharmattan.com

Librairie des savoirs
21, rue des Écoles
75005 Paris
librairie.sh@harmattan.fr
01 46 34 13 71
www.librairieharmattansh.com

Librairie Le Lucernaire
53, rue Notre-Dame-des-Champs
75006 Paris
librairie@lucernaire.fr
01 42 22 67 13

www.ingramcontent.com/pod-product-compliance
Lightning Source LLC
LaVergne TN
LVHW051412061026
849535LV00009B/3493
9782336415673